# MONICA TURONI

# Il Metodo Pedagogico per Arpa di Henriette Renié

ISBN-13: 978-1-911424-06-2
ISBN:1911424062
ISMN: 979-0-9002358-4-8

SKU/ID: 9781911424062

For information about permission to reproduce selections from this book, write to Permissions, Black Wolf Edition & Publishing Ltd.

Cover and Book design and layout by Wolf

Cover Photo by Juan Navarro
(Harp Recital Monica Turoni 2012 - Carnegie Hall NY, USA)

Publishing Company:
Black Wolf Edition & Publishing Ltd.
2 Glebe Place, Burntisland KY3 0ES, Scotland
www.blackwolfedition.com

---

Copyright ©2016 Black Wolf Edition & Publishing Ltd.
All rights reserved. - 1$^{st}$ Edition: 2016

*A tutti coloro
che in Italia si sono impegnati
a bloccare la mia carriera...*

# INDICE

| | |
|---|---|
| **Prefazione** | vii |
| **Henriette Renié (1875-1956)** | |
| Biografia | 1 |
| **Il Metodo completo per arpa** | 7 |
| **PRIMA PARTE: TECNICA** | 11 |
| **Prima lezione** | 15 |
| Pedali | |
| Accordatura | |
| Posizione dell'arpa | |
| Posizione mani e polsi | |
| Posizione braccia | |
| Esercizi su quattro note consecutive | |
| Esercizi per tre dita | |
| **Seconda lezione** | 21 |
| Esercizi per tre dita | |
| Diteggiatura degli intervalli | |
| Regole per suonare i diversi intervalli | |
| Esercizi sugli intervalli | |
| **Terza lezione** | 23 |
| Accordi con tre dita | |
| Formule di arpeggi con quattro dita | |
| **Quarta lezione** | 25 |
| Collegamento delle quattro posizioni | |
| Arpeggi con tre dita incrociando le mani | |
| **Quinta lezione** | 27 |
| Diteggiature di accordi di tre suoni | |
| Accordi con quattro dita | |
| Scale (ascendenti e discendenti) | |
| Armonici Glissando | |
| **Sesta lezione** | 33 |
| Scale | |
| Arpeggi con quattro dita | |
| Suono strisciato | |
| Posizionamento pedali | |

**Settima lezione** 37
   Posizionamento dita
**Ottava lezione** 43
   Étouffés
   Ottave smorzate (mano sinistra)
**Nona lezione** 47
   Intervalli con suoni strisciati
   Note melodiche con il pollice
   Accordi smorzati
**Decima lezione** 51
   Près de la table
   Mani incrociate (primo metodo)
   Trilli
**Undicesima lezione** 55
   Arpeggi prolungati
   Scale ed arpeggi con una nota ripetuta
   Trilli con quattro dita
   Tremolo con una sola mano
   Mani incrociate (secondo metodo)
   Trillo con due mani
**Dodicesima lezione** 59
   Sinonimi
   Glissandi semplici
   Successione di suoni strisciati
   Suoni strisciati con effetti sonori
   Connessione di glissandi
**SECONDA PARTE: SINTASSI** **65**
   Articolazioni (Movimento Delle Dita)
   Polso
   Alcuni casi di posizionamento delle dita
   Legato
**Consigli per il virtuoso** 75
   Prima di un Concerto

Applicazione di elementi della tecnica arpistica esposta nel Metodo completo per arpa per l'esecuzione del Concerto in ut mineur di Henriette Renié 77

Conclusioni 83

*Bibliografia* *85*

# PREFAZIONE

Con questo mio lavoro affronto un analisi approfondita del metodo pedagogico dell'arpista francese Henriette Renié. Musicista di fama mondiale come virtuosa, pedagoga e compositrice, che continua ad influenzare generazioni di arpisti ispirati dalla sua eredità. Con le sue composizioni ha esteso le possibilità dell'arpa come strumento solistico sia tecnicamente che musicalmente. Ha scritto composizioni originali per arpa sola, per arpa e violino, per arpa e violoncello, per arpa e orchestra, trio con violino e violoncello, numerose trascrizioni per arpa sola e dodici volumi di trascrizioni di diversi livelli di difficoltà *Les classiques de la harpe*.

Sebbene la maggior parte dei suoi lavori siano stati pubblicati, alcune delle sue composizioni e trascrizioni esistono solo in forma di manoscritto.

La stessa arpista americana di fama internazionale Susann McDonald[1], con la quale ho studiato tra il 2003 e il 2005 negli Stati Uniti, ha avuto la fortuna di conoscerla personalmente e di studiare con lei negli anni cinquanta. Tramite lei ho appreso la passione che Henriette Renié aveva per questo strumento

---

[1] Susann McDonald è attualmente Distinguished Professor e Chairman del Dipartimento di Arpa dell'Indiana University di Bloomington, Usa. Former Artistic Director del World Harp Congress, Founder e Artistic Director dell' USA International Harp Competition.

e che era capace di trasmettere agli altri, la consapevolezza che si deve continuamente ricercare per poter migliorare, che non bisogna accontentarsi dei livelli raggiunti e che, come Miss McDonald è solita dire in classe, «non basta essere brave arpiste, ma bisogna essere eccellenti arpiste». Il mio approccio con l'opera di Henriette Renié è stato quindi speciale, direi privilegiato.

Ho cercato di mantenere fede alla divisione in lezioni che viene usata nel Metodo per introdurre la tecnica esecutiva dell'arpa e ho affrontato nel dettaglio gli argomenti che ho ritenuto essere quelli più importanti e necessari per imparare a suonare l'arpa.

Non esistendo una versione italiana del *Metodo completo per arpa* di H. Renié, spero che il mio lavoro possa contribuire alla conoscenza dei fondamenti di questo metodo pedagogico.

# HENRIETTE RENIÉ (1875-1956)

## BIOGRAFIA

Henriette Renié è nata il 18 settembre del 1875 in un ambiente familiare borghese con una ricca cultura artistica. Il padre, Jean-Emile Renié, era un pittore di professione ed anche cantate con una voce così bella che venne notata da Gioacchino Rossini il quale volle che cantasse all'Opéra di Parigi.

Sin dall'infanzia mostrò il suo talento di musicista iniziando a suonare il pianoforte prima dei cinque anni di età.

Dopo aver ascoltato un concerto dove suo padre cantava accompagnato dall'arpista Alphonse Hasselmans (1845-1912), che più tardi sarebbe diventato Professore di arpa presso il Conservatorio di Parigi, dichiarò al padre di voler suonare l'arpa e che Hasselmans sarebbe stato il suo insegnante.

A causa della sua piccola statura non era in grado di arrivare alle corde, così dovette aspettare di avere otto anni per essere in grado di suonare l'arpa. Suo padre, inoltre, inventò un sistema di estensione dei pedali che le permettesse di suonare correttamente un'arpa a doppio movimento (all'epoca l'utilizzo dell'arpa celtica come strumento sostitutivo per i bambini non era praticato). Quando iniziò i suoi studi, prima come uditrice e poi come allieva effettiva, i suoi progressi furono straordinari e all'età di undici anni vinse il *Premier Prix* conferitole all'unanimità dalla giuria.

Nonostante l'insistenza da parte di organizzazioni internazionali alla ricerca di giovani prodigi, suo padre rifiutò molte offerte di contratti per non far diventare la figlia un "personaggio da circo". Invece, si preoccupò che "la piccola Renié", come Hasselmans chiamava la sua sensazionale allieva, ricevesse una solida formazione musicale. All'età di tredici anni venne ammessa alla classe di armonia seguendo i corsi di fuga e composizione con i Professori Charles Ferdinand Lenepveu e Théodore Dubois. È stata la prima giovane donna alla quale è stato permesso di partecipare a queste classi.

L'autunno che seguì la vittoria del *Premier Prix*, nonostante la sua giovane età, le fu chiesto se dava lezioni di arpa. Prese molto seriamente tale ruolo e questo fu l'inizio del suo grande amore per l'insegnamento che portò avanti per tutto il resto della sua vita. Nel periodo in cui frequentava le classi di armonia e composizione al Conservatorio portava già avanti la carriera di docente insegnando in istituzioni sparse in tutta Parigi.

A quindici anni diede il suo primo concerto a Parigi.

La sua vita professionale fu molto intensa portandola a vivere un'esistenza molto solitaria. Aveva una sola amica, la figlia del Professore Hasselmans; al di fuori di questa amicizia aveva tempo da dedicare alle relazioni sociali solo la domenica, giorni solitamente spesi con i fratelli ed i cugini.

Già molto giovane decise che non avrebbe sacrificato la sua arte e la sua carriera per il matrimonio.

A partire dal 1898, quando aveva ventitre anni, iniziò a dedicare tempo alle preghiere e ad andare in chiesa tutte le mattine prima di colazione. Iniziò anche a prendere l'abitudine di appuntare le sue riflessioni su piccoli taccuini.

La sua 'giornata tipo' si svolgeva solitamente in questo modo: la mattina era dedicata interamente alla preparazione dei concerti; dopo il pranzo si riposava per un breve periodo, quindi dava lezioni fino alle cinque circa; dopo la pausa tè, si dedicava alle sue composizioni o alla sua corrispondenza.

Il 2 marzo del 1901 eseguì per la prima volta il suo *Concerto en ut mineur* sotto la direzione di Camille Chevillard per i Concerti Lamoureux[2]. Da questo momento l'arpa venne introdotta come strumento solista con accompagnamento dell'orchestra. Fino a quel tempo tutte le sinfonie parigine avevano utilizzato l'arpa solo come strumento orchestrale. Il successo dell'evento fu anche il raggiungimento del successo per una donna compositrice ed arpista in un periodo nel quale le donne non erano accettate nell'elite musicale.

Si può affermare che le composizioni per arpa da quel momento in poi sono dovute a lei. Non solo le ha eseguite, ma anche create con il suo incredibile talento.

I primi lavori che seguirono questo concerto furono:
- *Concertstück* (1903) di Gabriel Pierné (prima esecuzione Colonne Concert Hall).
- *Fantaisie* (1905) di Théodore Dubois.
- *Choral et variations* (1909) di Charles-Marie Widor.
- *La jeune Tarentine* (1910) di Marcel Grandjany.

---

[2] Alla fine del XIX secolo, i Concerti Lamoureux divennero incredibilmente popolari tanto che i loro concerti della domenica raccoglievano un pubblico di due o tre mila spettatori.

- *Danse sacrée et danse profane* (1910) di Claude Debussy (Colonne Concert Hall)[3].
  L'arpa a doppio movimento suonata da Henriette Renié dovette lottare per stabilire la sua esistenza. Naderman, il primo Professore al Conservatorio di Parigi, costruiva arpe a singolo movimento (o movimento semplice) e di conseguenza insegnava su queste arpe piuttosto che su quelle costruite da Sébastien Érard[4]. Quindi Alphonse Hasselmans e Henriette Renié hanno influenzato grandemente il raggiungimento del successo da parte dell'arpa a doppio movimento.
  Nel 1897, all'età di ventidue anni, Renié fu responsabile anche della creazione di un nuovo tipo di arpa: l'arpa cromatica. Alla presenza di Gustave Lyon espresse la sua frustrazione nei confronti dei pedali dell'arpa che fanno rumore o creano difficoltà ed in tutta risposta lo stesso Lyon promise che avrebbe costruito un'arpa senza pedali. Venne così costruita l'arpa cromatica che però non piacque mai a Henriette Renié, perché carente in sonorità e chiarezza.
  Arturo Toscanini le propose di firmare un contratto per un tour negli Stati Uniti, ma a causa dell'avanzata età e malattia della madre decise di rifiutare.

---

[3] A Henriette Renié venne chiesto di trascrivere questa composizione per l'arpa a pedali (a doppio movimento). Originariamente era stata scritta da Debussy per l'arpa cromatica (senza pedali, con doppia cordiera incrociata: corde bianche per i toni naturali e corde nere per i semitoni) su commissione di Micheline Kahn che egli ammirava.

[4] L'arpa a doppio movimento è stata inventata da Sébastien Érard nel 1811. Ha sette pedali che corrispondono alle sette note della scala: Re, Do e Si a sinistra e Mi, Fa, Sol, La a destra. I pedali hanno tre posizioni: ♭, ♮, ♯. Questi sono collegati ai dischetti con perni che modificano la lunghezza della corda tramite tubi metallici che passano attraverso la colonna. Quando la corda è libera è in bemolle; quando viene accorciata di un semitono, essendo tirata dal primo dischetto, è in naturale; ulteriormente accorciata dal secondo dischetto è in diesis. Oggi l'arpa a doppio movimento è costruita in diversi modelli da fabbriche come Lyon & Healy (Stati Uniti), Salvi (Italia), Camac (Francia), Aoyama (Giappone), Venus (Stati Uniti), Horngacher (Germania).

Nonostante avesse deciso di non viaggiare, aveva ormai raggiunto fama mondiale e numerosi studenti da tutto il mondo, in particolare dagli Stati Uniti, la raggiungevano in Francia nella sua casa di Passy a Parigi o di Etrat, sulla costa della Normandia per lavorare con lei.
Alphonse Hasselmans, il suo passato insegnante di arpa presso il Conservatorio di Parigi, chiese a Gabriel Fauré, allora Direttore del Conservatorio, di scegliere Henriette Renié come suo successore, ma il posto fu assegnato a Marcel Tournier. Più tardi Henriette Renié seppe che il ruolo di docente le era stato negato dal governo francese, perché considerata cattolica e reazionaria. Comunque la sua carriera di eminente pedagoga continuò e molti degli studenti vincitori del *Premier Prix* del Conservatorio si perfezionavano con lei.

Nel 1912 creò il primo concorso internazionale di arpa intitolato "Henriette Renié", primo concorso di questo tipo. In giuria includeva grandi musicisti del tempo come Maurice Ravel, Louis Vierne, Gabriel Pierné ed altri. La prima edizione si svolse nel 1914 e dopo la Prima Guerra Mondiale, continuò nel 1921, 1923 e nel 1926. A causa delle difficoltà nei trasporti e della mancanza di fondi venne interrotto. Dopo la Seconda Guerra Mondiale, l'idea venne ripresa in Israele nel 1959.

La sua ultima apparizione in pubblico risale al 30 marzo del 1944, nella grande sala da concerto del Conservatorio di Parigi. Erano stati invitati i vincitori del *Premier Prix* degli ultimi cinquant'anni ad eseguire i brani con i quali avevano vinto; quel giorno suonarono personaggi come Alfred Cortot.
Si ritirò dalla vita concertistica, ma portò avanti la sua attività di pedagoga. Henriette Renié morì nel 1956.

*Monica Turoni*

# IL METODO COMPLETO PER ARPA

Durante la Seconda Guerra Mondiale l'editore Alphonse Leduc chiese a Henriette Renié di scrivere un metodo per arpa mettendo a frutto la sua lunga esperienza di insegnante e virtuosa. Richiese molto tempo e fu completato in condizioni difficili. Il Metodo completo per arpa, diviso in due volumi, venne pubblicato nel 1946[5].
H. Renié trasmise i suoi insegnamenti attraverso descrizioni precise. Nella prefazione cerca di esprimere quali siano i suoi obiettivi:

> L'intera base del mio metodo si poggia su un principio fondamentale: flessibilità. [...]
> Gli allievi non sono creature costruite "in serie", né posseggono identiche abilità. Inoltre l'arpa non può essere loro insegnata allo stesso modo. La base dell'insegnamento è la stessa, ma la forma differisce per ognuno.

Non è l'allievo che si deve adattare all'insegnamento, ma questo che deve essere adattato all'allievo: le mani non sono uguali; né la distanza tra le dita, le articolazioni, le braccia, né il resto del corpo. Di conseguenza è necessario uno spirito aperto e cauto per applicare prudentemente perfino i principi fondamentali.

Nelle prime lezioni è necessario fare di tutto perché al principiante piaccia l'arpa, creda nella sua bellezza e nel suo potere sonoro ed espressivo. A questo fine, è bene "mostrare" la seducente magia degli effetti speciali dei quali questo strumento è così ricco.

È per questa ragione che ho diviso la prima parte in lezioni che trattano diversi argomenti lo stesso giorno,

---

[5] Tradotto in inglese da Geraldine Ruegg durante i suoi lunghi soggiorni in Francia per studiare con H. Renié.

a differenza del metodo usuale che insegna ogni argomento capitolo per capitolo. Non credo che questo generi confusione e l'allievo otterrà molto facilmente un'idea generale dello strumento. Inoltre, studierà ogni lezione per lungo tempo, più o meno, prima di passare alla lezione seguente.

Spesso si rimprovera l'arpa della sua secchezza, dei suoi rumori, della sua incapacità di tener conto dei valori sonori, ecc...non è colpa dell'arpa, ma, troppo spesso, di quelli che la suonano. Giustamente, più della scienza, è il sentimento interiore che passa attraverso la pressione del dito, il movimento della mano o del polso, che rende possibile raggiungere l'effetto desiderato. Quindi si ottengono alcuni effetti sonori ritenuti impossibili.

Ma per questo è necessario che l'arpa piaccia. Perciò, questa è sempre la prima domanda che chiedo a coloro che vogliono suonarla.

Il Metodo è diviso in due parti: la prima parte contiene i fondamenti della tecnica arpistica esposti in dodici lezioni con relative esemplificazioni ed esercizi; la seconda parte include una sintassi dei nuovi principi che caratterizzano la scuola di Henriette Renié ed una appendice.

## Il Metodo Pedagogico per Arpa di Henriette Renié

## H. Renié asserisce che:

Non ho intenzione di cambiare tutte le opinioni del passato, sebbene la musica moderna abbia bisogno di una tecnica speciale che sia più ampia e più "flessibile" per adattarla. Non pretendo di mettere una parola finale definitiva sull'insegnamento dell'arpa. Altri che verranno dopo di me probabilmente aggiungeranno le loro pietre all'edificio. Spero solo che la mia lunga esperienza sia un aiuto e un nuovo punto di partenza.

Nei cinquanta anni della mia carriera [...] le mie idee sono nate prendendo spunto sia dai metodi francesi, ma anche dai metodi stranieri e meglio ancora dai miei allievi. Qualche volta dagli sbagli di altri ho avuto l'ispirazione per un nuovo principio, arricchendo così la mia esperienza. Ho intenzione di riesaminarla per "fissarla", in modo da aiutare le future generazioni ad amare l'arpa, a farla amare e a comprendere il suo potere.

*Monica Turoni*

# PRIMA PARTE
# TECNICA

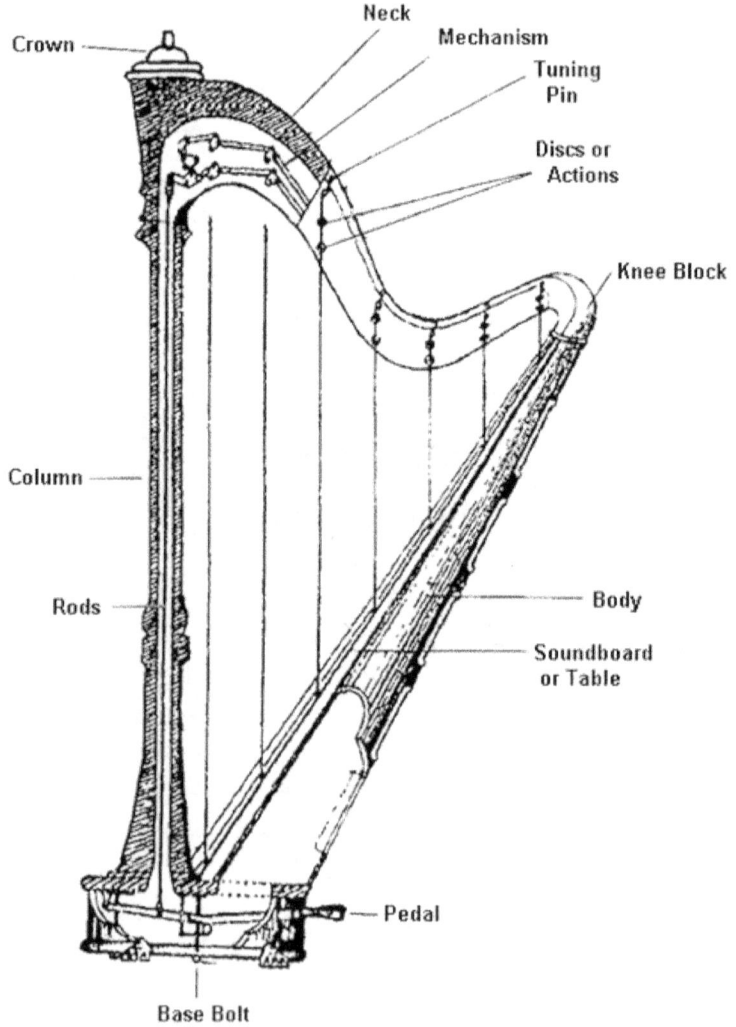

*Il Metodo Pedagogico per Arpa di Henriette Renié*

# PRIMA PARTE: TECNICA

Ho voluto mantenere la divisione in lezioni e l'ordine della spiegazione della tecnica arpistica, così com'è nel Metodo, per conservarne il carattere, lasciandone così vedere i pregi ed i limiti.

Ogni lezione contiene un sommario introduttivo e l'esemplificazione di ogni argomento, trattato anche con l'ausilio grafico. La descrizione della posizione delle dita, mani e braccia che si deve avere per l'esecuzione di ogni diverso effetto da ottenere sullo strumento è molto accurata e particolareggiata.

Di ogni parte, tratterò gli argomenti che ritengo più significativi, che rappresentano cioè i veri fondamenti imprescindibili della tecnica che devono essere assolutamente esposti quando si insegna a qualcuno a suonare l'arpa e che rappresentano anche i fondamenti del metodo pedagogico di Henriette Renié.

*Monica Turoni*

*Il Metodo Pedagogico per Arpa di Henriette Renié*

# PRIMA LEZIONE

Sommario: descrizione delle parti che compongono l'arpa; funzione ed uso dei pedali; accordatura; sostituzione delle corde; posizione dello strumento; posizione delle mani, polsi e braccia; esercizi su quattro note consecutive; esercizi per tre dita in inversione.

## I PEDALI

Ogni pedale ha il nome della nota alla quale corrisponde e cambia il tono della nota per l'intera estensione dell'arpa. A seconda dei casi, i pedali sono posizionati (bemolle-naturale-diesis) o semplicemente spinti in basso e tenuti con il piede senza essere inseriti quando il cambiamento di tonalità è di breve durata.

## L'ACCORDATURA

I metodi di accordatura più usati sono quelli per quinte ed ottave. Per le corde più basse (di metallo), è preferibile accordare dopo aver suonato la corda, mentre vibra.

## LA POSIZIONE DELL'ARPA

Posizionare l'arpa dritta, di fronte la spalla destra in modo da non doverla girare piegandola indietro e quindi inclinarla appoggiandola al corpo. Deve essere bilanciata sulla spalla destra con l'aiuto del ginocchio della gamba destra che supporta il corpo dell'arpa in parte.

Bisogna guardare la corde in lunghezza, perché questo permette di vedere quasi l'intera gamma di corde e le due mani.

Il leggio deve essere posizionato di fronte, in modo da poter guardare le corde ed il leggio e viceversa senza muovere la testa.

Il braccio destro deve potersi muovere senza fatica verso il basso o l'alto senza far ondeggiare lo strumento. Gli occhi devono essere all'altezza della prima ottava e poter vedere le ultime corde senza quasi girare la testa.

La posizione dei pedali viene cambiata facilmente, in particolare i pedali B (Si) ed E (Mi), senza spostare le ginocchia.

Per quello che riguarda l'altezza alla quale ci si dovrebbe sedere per suonare, teoricamente parlando, l'occhio destro deve essere all'incirca all'altezza del C (Do) più alto quando si mantiene la posizione della schiena dritta. L'importante è che l'arpista sia ad un'altezza che permetta di avere una posizione "naturale", senza affaticarsi.

## LA POSIZIONE DELLE MANI E DEI POLSI

Per suonare l'arpa si usano quattro dita, senza il dito mignolo, perché troppo corto. Il secondo, terzo e quarto dito sono inclinati verso il basso. Il polso mantiene la posizione naturale come quando la mano e l'avambraccio sono appoggiati su una tavola. La punta del pollice è leggermente di sbieco sulle corde, mentre il resto del dito forma esteriormente una curva creando spazio tra il pollice ed il secondo dito. La mano è cava all'interno e tonda verso l'esterno. La base del pollice non deve toccare le corde. La mano sinistra ha la stessa posizione della destra con alcune differenze. Le dita sono più parallele alle corde. Il pollice è più alto, la sua punta è sempre di sbieco, ma la base è meno allargata ed è lontana dalle corde. Il polso sinistro è come il destro, ma non poggia sulla tavola armonica e, sostenuto dall'avambraccio, ha una posizione frontale rispetto le corde.

## LA POSIZIONE DELLE BRACCIA

Le braccia sono sempre sollevate. L'avambraccio è da considerare come il prolungamento del polso e si muove in armonia con lui, ma quando il braccio destro è più in alto, dipende dalle circostanze.

Quando il polso si trova sul bordo più interno, il braccio è sollevato ed il gomito è tirato indietro: questa è la posizione per salire e scendere e per i passaggi più melodici.

Quando il polso è completamente sulla tavola armonica, il braccio è abbassato e un po' in avanti per dare più gioco all'avambraccio. Con alcune eccezioni, questa è la giusta posizione per passaggi nei quali la mano non va e viene sulle corde.

Se si curva troppo il polso, si rende il movimento delle dita più difficile e rigido. Se il polso è troppo basso, si può produrre un suono duro e debole.

## ESERCIZI SU QUATTRO NOTE CONSECUTIVE

Attraverso questi esercizi viene spiegata quale sia la corretta articolazione delle dita. H. Renié stessa dice di aver esitato nello scegliere di partire dalla posizione delle quattro dita insieme, perché è la formula più difficile e viene usata come "posizione di base" da altri metodi esistenti.

### *Primo esercizio*
Bisogna posizionare tutte e quattro le dita sulle corde ed articolare un dito alla volta, mantenendo le altre dita fisse sulle note.

Si suona la corda pizzicandola con la punta del dito. Il quarto, terzo e secondo dito devono toccare il palmo della mano e poi ritornare sulla corda immediatamente. Il terzo dito è più lungo degli altri due, quindi è necessario che non sia troppo basso e che stia un po' sopra il quarto.
Il pollice deve suonare sempre in punta, cadendo sul secondo dito e subito ritornare sulla corda. È importante che si articoli bene la prima falange.

## Secondo esercizio
Ogni dito deve suonare uno dopo l'altro senza tornare sulle corde; prima in una direzione poi nell'altra. Nella direzione ascendente bisogna accompagnare il movimento del pollice con un piccolo movimento in avanti del polso che si distacca un po' dalla tavola armonica sollevando anche la mano. Per la mano sinistra, un piccolo movimento dell'avambraccio accompagna quello del polso, dato che il polso sinistro non appoggia sulla tavola armonica.

Nel moto discendente, bisogna lasciare le corde dopo che il quarto dito ha suonato, ma invece di sollevare la mano indietro rispetto le corde, si solleva leggermente il polso lasciando che la mano cada e che il quarto dito vada all'interno del palmo.

Per la mano sinistra si segue lo stesso procedimento.

## Terzo esercizio
Eseguire i precedenti esempi in senso ascendente e discendente senza lasciare le corde. Dopo aver suonato il quarto, terzo e secondo dito, in direzione ascendente, prima di suonare il pollice oscillare un po' in avanti la mano, usando il pollice come un perno, e allo stesso tempo staccare le dita dal palmo e prepararle per rimetterle insieme; un'altra oscillazione del polso in direzione op-

posta riporta la mano alla sua posizione iniziale e aiuta le dita a riposizionarsi nello stesso momento. In senso discendente, prima di suonare il quarto dito, il terzo, secondo e primo dito devono essere rimessi sulle corde insieme.

Per la mano sinistra, avendo una posizione più frontale rispetto le corde, il polso non necessita di compiere lo stesso movimento che vale per la mano destra.

È molto importante che l'allievo articoli le dita verso il palmo della mano e non le sollevi verso l'alto per poter vedere le corde sulle quali deve rimettere le dita (non si è portati a fare questo errore con la mano destra).

## ESERCIZI PER TRE DITA

L'utilizzo di tre dita permette una posizione più naturale che favorisce una maggiore agilità, essendo il terzo dito più libero senza il quarto. Inoltre viene facilitata la conoscenza degli accordi.

Per ottenere un suono "legato" la mano deve accompagnare il movimento del terzo e secondo dito tirando indietro il braccio delicatamente per ogni corda suonata. Il pollice suona senza sforzo e cade sul secondo dito mentre la mano si solleva e si sposta verso l'esterno ed il polso si stacca dalla tavola armonica.

In senso discendente, appena il pollice ha suonato, sollevare il lato più interno del polso come se la mano dovesse sostenere se stessa sul secondo dito; suonare il secondo in direzione della base; il terzo completa la sua articolazione mentre il polso si stacca dalla tavola armonica e la mano si rilassa.

Se si volesse ottenere un suono "non legato" bisognerebbe suonare articolando le dita, ma con la mano immobile.

Dopo aver provato questi esercizi a mani separate, è bene provare a suonare a mani unite per abituarsi a guardare le due mani allo stesso tempo.

## SECONDA LEZIONE

Sommario: esercizi su quattro note consecutive (continua); esercizi per tre dita in inversione (continua); intervalli; diteggiatura degli intervalli; regole per suonare i diversi intervalli; esercizi sugli intervalli.

### ESERCIZI PER TRE DITA

Posizionare le due mani sulle corde e suonare una mano dopo l'altra. Quando una mano ha finito di suonare deve prepararsi a riposizionarsi mentre l'altra mano suona. È importante mettere le dita insieme.

### DITEGGIATURA DEGLI INTERVALLI

Intervallo di seconda, terza e quarta: 2-1
Intervallo di quinta e sesta: 3-1
Intervallo di settima: 3-1 o 4-1
Intervallo di ottava, nona e decima: 4-1
Queste diteggiature sono valide per entrambe le mani.
Ci sono casi nei quali non si usa il pollice, ma solo 3-2, 3-4 o 2-4.

### REGOLE PER SUONARE I DIVERSI INTERVALLI

Tutti gli intervalli devo essere suonati dalla nota di base. Questo significa che quando si suona un intervallo o accordo bisogna dare importanza alla nota di base e non al pollice.
Qualunque sia l'intervallo, le dita che non suonano, il quinto dito incluso, devono accompagnare quello posizionato sulla corda e seguire il suo movimento quando arti-

cola verso il palmo della mano. Man mano che l'ampiezza dell'intervallo aumenta, le dita vengono posizionate più in alto in relazione al pollice per evitare di irrigidire quest'ultimo. Dopo aver suonato l'intervallo, la mano deve essere chiusa molto naturalmente senza contrarre i muscoli ed essere in grado di riaprirsi senza sforzi. La mano deve riposizionarsi senza dover cercare le corde ed ogni volta con la stessa posizione.

**ESERCIZI SUGLI INTERVALLI**

**Diteggiatura 2-1:** la mano tra il secondo dito ed il pollice è rotonda, mentre le altre dita sono a fianco del secondo.

**Diteggiatura 3-1:** la mano ha la stessa posizione degli esercizi per tre dita. Il secondo dito, che non suona, rimane "appeso" nel mezzo senza allungarsi verso il basso o portarsi in alto (come se assumesse la forma di un uncino).

**Diteggiatura 4-1:** per l'accordo di ottava, il quarto dito è allungato fino a che la mano sia ben curva esternamente, esegue una piccola contrazione della prima falange ed il pollice ne segue il movimento.

A partire da questo punto, H. Renié utilizza come esempi, ed allo stesso tempo esercizi di tecnica, brevi estrapolazioni da brani più o meno conosciuti di sua composizione o di compositori quali Bach, Debussy, Ravel, Prokofiev per citarne solo alcuni. Alla fine di ogni volume viene riportato l'elenco completo di tutti i compositori con relativi titoli di opera citati nel metodo.

# TERZA LEZIONE

Sommario: esercizi per tre dita; alcuni nuovi esercizi su terze, quarte ed ottave; accordi con tre dita; formule di arpeggi con quattro dita.

## ACCORDI CON TRE DITA

I più comuni accordi sono di due tipi: spezzato (le due mani suonano quasi simultaneamente; arpeggio molto veloce) e arpeggiato (una nota dopo l'altra dal basso verso l'alto o viceversa). Le dita devono chiudersi all'interno della mano senza sforzo mentre il pollice suona seguendo il secondo dito. È bene esercitarsi a mani separate e lentamente.

## FORMULE DI ARPEGGI CON QUATTRO DITA

Nella prima, seconda e quarta posizione le tre dita sono più alte sulle corde rispetto alla posizione delle quattro note consecutive. Sebbene il pollice sia un po' più basso mantiene la sua normale posizione.

**Prima posizione:** le tre dita sono quasi alla stessa altezza.

**Seconda posizione:** il secondo dito è più basso e sempre molto inclinato, il terzo e il quarto sono alla stessa altezza e più alti del secondo.

**Terza posizione:** la posizione equivale a quella degli esercizi per quattro note consecutive.

**Quarta posizione:** il secondo dito è basso come nella seconda posizione, ma il terzo è più alto del quarto dito.

Nell'unire posizioni ascendenti e discendenti prima di suonare il pollice, il secondo, terzo e quarto dito devono essere riportati sulle corde con un singolo movimento. Nella direzione opposta, nel suonare, le prime tre dita riportano la mano nella sua posizione normale con il terzo ed il secondo raggruppati vicino al quarto ed il pollice chiuso su di loro. Per ritornare sulla corda, il pollice deve fare un movimento semicircolare, usando il polso come perno, che lo porta indietro e lo alza.

A questo punto la mano è aperta, il terzo e secondo dito possono uscire dal palmo e posizionarsi sullo corde contemporaneamente al pollice.

Per la mano sinistra, i movimenti del polso per connettere la direzione ascendente con la discendente sono quasi inesistenti per la sua posizione frontale rispetto le corde.

*Il Metodo Pedagogico per Arpa di Henriette Renié*

# QUARTA LEZIONE

Sommario: accordi con tre dita con le mani unite; collegamento delle quattro posizioni; arpeggi con tre dita incrociando le mani.

## COLLEGAMENTO DELLE QUATTRO POSIZIONI

È importante posizionare le quattro dita insieme. Il modo più facile per farlo è pensare prima alle note centrali, guardarle e spostarle per prime.

## ARPEGGI CON TRE DITA INCROCIANDO LE MANI

La mano deve essere mossa senza movimenti bruschi. È necessario guardare in anticipo il posto che la mano deve raggiungere e creare movimenti consecutivi.

*Monica Turoni*

## QUINTA LEZIONE

Sommario: diteggiature di accordi di tre suoni; nuovi esercizi sulle quattro posizioni; accordi con quattro dita; la scala; esercizi per scale semplici; armonici; uno sguardo veloce ad alcuni effetti di glissando con sinonimi.

### DITEGGIATURE DI ACCORDI DI TRE SUONI

Si usano le diteggiature 3, 2, 1 quando la distanza tra le note estreme non supera l'intervallo di sesta. Quando l'intervallo tra il terzo ed il secondo dito supera una quarta, è preferibile usare il quarto dito al posto del terzo e lo stesso vale quando tra il secondo dito ed il pollice c'è un intervallo di seconda.

Ciò che determina la scelta della diteggiatura non è la distanza tra gli estremi dell'accordo, ma la relazione dei due intervalli. Per la scelta della diteggiatura delle note centrali, il terzo dito è usato quando l'intervallo con il quarto dito non supera una terza, il secondo per gli altri intervalli.

Con la distanza di settima tra le note estreme, è preferibile il terzo dito per la nota più bassa. Lo stesso vale per l'ottava; dipende dalle mani dell'esecutore e da cosa precede o segue l'accordo.

La scelta di queste diteggiature vale anche per gli accordi di tre dita nella formula spezzata.

### ACCORDI CON QUATTRO DITA

È un errore comune pensare che un principiante possa eseguire un accordo arpeggiato aumentando progressivamente la velocità di esecuzione di un accordo a quattro dita. Ciò richiede una rapidità di tecnica esecutiva non propria di un principiante.

L'accordo arpeggiato deve essere eseguito con un unico movimento della mano, ben chiusa, e con il polso che si muove verso l'esterno. Per avere un suono pieno, la mano si appoggia sulle note centrali.

Quando si eseguono gli arpeggi di accordi a quattro dita con entrambe le mani, bisogna fare attenzione a posizionare le mani il più possibile insieme (può essere utile pensare alla distanza tra le dita centrali); mai la mano destra prima della sinistra, perché impedirebbe alle note suonate per ultime di vibrare.

## LA SCALA

La scala standard è un'ottava.

### Scale ascendenti (es: do-re-mi-fa-sol-la-si-do)

Mano destra: si posizionano le quattro dita come per l'esecuzione di quattro note consecutive. Articolare le dita all'interno del palmo; il quarto dito viene un po' fuori dal palmo accompagnando il terzo dito con sé. Quando il pollice sta per suonare, il polso è lievemente girato; suonandolo, si descrive un piccolo semicerchio che fa ritornare la mano alla sua normale posizione e fa muovere il polso indietro mentre le tre dita sono riposizionate sulle corde superiori. Il quarto dito passa sotto il pollice posizionandosi senza premere la corda; il terzo ed il secondo dito sono pronti per essere riposizionati appena il pollice suona. Notare che il quarto dito dopo che è passato sotto il pollice si trova in una posizione più alta rispetto la precedente. Questo è dovuto al movimento del pollice che nel tornare alla sua normale posizione ha fatto sì che il quarto dito si alzasse, scivolando impercettibilmente sulla corda, e ritornasse alla sua inclinazione. Questo movimento di appoggio e scivolamento del quarto dito sulla corda è necessario soprattutto per scale di lunga estensione.

È importante che la mano riposizionata sulle note superiori conservi la stessa posizione che aveva per le precedenti note.

Mano sinistra: mentre per la mano destra l'intero braccio si muove per seguire l'inclinazione della tavola armonica, per la mano sinistra solo l'avambraccio accompagna la mano; la parte superiore del braccio è una sorta di perno che serve come punto di supporto. Le dita sono inclinate verso il basso di più della mano destra e suonano molto in punta. Il pollice è sempre alto e più vicino al secondo dito. Il polso si trova di fronte le corde e si muove all'indietro lentamente senza girare la mano. Il pollice, dopo aver suonato, effettua un rapido movimento che permette di riposizionare le dita (3, 2, 1) in blocco.

**Scale discendenti** (es: do-si-la-sol-fa-mi-re-do)

Mano destra: il pollice passa sopra il quarto dito; il secondo, terzo e quarto dito vanno poi appoggiati sulle corde senza pressione per evitare che il secondo dito si sollevi. Il doppio movimento della mano e del polso nel suonare il pollice porta la mano a muoversi leggermente in avanti; far scivolare un poco le dita sulle corde in modo che il secondo e terzo dito abbiano più spazio per sostare alla base; questo permette al pollice di andare sulla nota che deve suonare più direttamente.

Il quarto dito è allungato all'esterno della corda quando il pollice lo oltrepassa. Lo si suona articolandolo verso il palmo della mano. Viene subito fuori insieme alle altre due dita provocando un leggero movimento rotatorio della mano con il pollice che fa da perno. Le tre dita staccate vengono riposizionate sulle corde in blocco e riprendono la loro originale posizione.

Mano sinistra: nel suonare il pollice, il polso si muove leggermente in avanti alzandosi impercettibilmente, in modo che il secondo e terzo dito rimangano nel palmo della mano mentre il pollice oltrepassa il quarto dito. Il quarto dito viene fuori dal palmo normalmente e le tre dita vengono riposizionate insieme.

## ARMONICI

Il suono armonico è indicato con un piccolo zero sopra o sotto la nota; suona come un'ottava più alta.
Normalmente i doppi e i tripli armonici sono affidati alla mano sinistra.
È consuetudine eseguire i suoni armonici sulla nota marcata, altrimenti il compositore specifica diversamente.

### Mano destra
Il lato del secondo dito, tra la prima e la seconda falange, più vicino alla prima, si comporta come un ponte che divide la corda nel mezzo. Quando il pollice suona, la mano si deve allontanare dalla corda per lasciarla vibrare.

### Mano sinistra
Inizialmente potrebbe essere più facile per l'allievo appoggiare il palmo della mano che funge da ponte e poi il pollice, ma dopo bisogna fare il contrario. Allontanare un po' il palmo e riportarlo sulle corde nello stesso momento in cui il pollice suona.
Con la mano sinistra si possono suonare più armonici insieme, a due, tre, quattro note.
Si possono trovare casi nei quali la nota più bassa dell'accordo potrebbe essere una nota naturale e la nota in cima o le altre note suoni armonici.

## ALCUNI EFFETTI DI GLISSANDO CON I SINONIMI

Il glissando ascendente si esegue con il secondo dito, il glissando discendente con il pollice.

Es. n.1: posizione pedali: sol♭ maggiore con C♯, F♯, A♯.

Es. n.2: 7 bemolli con E♮.

Es. n.3: 7 bemolli con G♮.

Monica Turoni

## SESTA LEZIONE

Sommario: sviluppo delle istruzioni sulle scale; esercizi per unire le scale ascendenti e discendenti; scale prolungate; arpeggi con quattro dita; accordi di quattro note su un'ottava bassa; arpeggi ed accordi arpeggiati con due mani. Nuove istruzioni: suono strisciato, esercizi. Posizionamento dei pedali mentre si suona.

## SVILUPPO DELLE ISTRUZIONI SULLE SCALE

Per collegare una scala ascendente con una discendente, dopo l'ascesa, ma prima di suonare il pollice, riposizionare il secondo, terzo e quarto dito.

Per unire una scala discendente con una ascendente prima di suonare il quarto dito, posizionare il terzo, secondo e primo dito.

## SCALE PROLUNGATE

Per prolungare una scala oltre l'ottava, continuare a tirare indietro il polso dopo il primo passaggio (il quarto dito passa sotto il pollice), invece di far ritornare la mano nella posizione originale, senza muovere il polso indietro, come avviene per le scale di un'ottava.

Per le scale discendenti è preferibile riposizionare il secondo, terzo e quarto dito mentre si suona il pollice e non prima di suonarlo.

Per il braccio destro, il movimento segue l'inclinazione della tavola armonica; per il braccio sinistro, la mano suona in linea senza tener conto dell'inclinazione della tavola armonica. La parte superiore del braccio serve da perno per l'avambraccio e si muove appena. Nel portare l'avambraccio verso se stessi la mano si abbassa sulle corde. Nelle scale discendenti, all'opposto, la mano sale sulle corde.

## ARPEGGI CON QUATTRO DITA

Esercizi per eseguire gli arpeggi:
1. Suonare articolando le dita, restando sul posto, senza muovere le braccia avanti o indietro, e portarle all'interno del palmo, compiendo un piccolo movimento del polso quando il gruppo finisce con il pollice.
2. Eseguire lo stesso esercizio creando un suono legato.

I movimenti dei polsi che accompagnano il movimento delle dita sono più pronunciati negli esercizi per quattro dita rispetto a quelli per tre.

## SUONO STRISCIATO

### Scivolamento del pollice

Si esegue nella stessa maniera per entrambe le mani. È indicato con una piccola legatura che collega le due note da suonare con il pollice.

Premere la punta del dito contro la corda verso la nota successiva sulla quale deve scivolare.

Non è necessario l'aiuto della mano o del braccio: il pollice deve essere sufficientemente indipendente da scivolare da solo; fatto ciò, suonare la seconda nota articolando normalmente.

In principio, le altre dita devo essere posizionate in anticipo rispetto il suono strisciato.

Quando il passaggio da suonare non inizia con un suono strisciato, è più agile posizionare le dita mentre lo si esegue e non prima.

Quando il suono strisciato segue un accordo o termina una formula, si compie un movimento del polso con la mano che si allontana dalle corde.

Quando si ha una successione di più suoni strisciati, le altre dita sono riposizionate durante l'esecuzione dell'ultimo di questi.

### Scivolamento del quarto dito

Il suono strisciato del quarto dito è molto meno usato rispetto a quello del pollice.

Ci sono due modi per eseguirlo: posizionare le altre dita prima di suonare il quarto dito oppure mentre lo si suona per lasciarlo più libero. Nel secondo caso è meglio preparare il terzo, secondo e primo dito lontano dalle corde, con il necessario spazio tra le dita, ma una nota sotto rispetto a quella da suonare; il piccolo movimento che la mano fa istintivamente all'indietro per aiutare il quarto dito a scivolare, porta le altre tre dita più in alto.

## POSIZIONAMENTO DEI PEDALI MENTRE SI SUONA

Dalla posizione bemolle a quella naturale, premere con la punta del piede il pedale esteriormente fino alla prima tacca; per ritornare al bemolle lasciare il pedale andare verso l'alto. Da naturale a diesis, premere il pedale direttamente verso il basso senza premere verso l'esterno, perché direzionerebbe il pedale verso la tacca del naturale. Per ritornare al naturale lasciare gentilmente che il pedale salga.

Bisogna che l'allievo impari fin da subito ad abituarsi a sentire il pedale con il piede, e non a guardare, ed a non aggrapparsi alla tavola armonica.

Per spostare il pedale da diesis a naturale e da naturale a bemolle, sganciare il pedale in anticipo spingendolo un po' verso l'esterno; non lasciare il pedale brutalmente per evitare il colpo che la molla produrrebbe.

Henriette Renié a questo punto del metodo asserisce che, dalla settima lezione in poi, l'allievo dividerà il tempo dedicato allo studio tra esercizi, studi ed un brano. Verranno indicati i libri raccomandati e il titolo di alcuni brani tra i quali scegliere.

Nel metodo, alla fine delle lezioni supplementari, vengono raggruppati gli esercizi per permettere all'allievo di familiarizzare con quello che è stato spiegato durante le lezioni e sviluppare la tecnica.

*Il Metodo Pedagogico per Arpa di Henriette Renié*

# SETTIMA LEZIONE

Sommario: posizionamento delle dita; esercizi di accordi arpeggiati; esercizi di collegamento per arpeggi invertiti e scale; arpeggi per quattro dita a mani incrociate.

## POSIZIONAMENTO DELLE DITA

Principio fondamentale: posizionare le dita che vanno nella stessa direzione (sia ascendente o discendente). Ci sono eccezioni per le quali questo principio però non va rispettato; ad esempio quando si hanno diteggiature incrociate (4, 2, 3, 1).
Quando il pollice suona in alternanza con le altre dita, è necessario rimettere dito per dito.

## ESERCIZI PER TRE DITA
(Mano destra)

Posizionare 3 dita, rimettere il terzo dito da solo, poi il secondo e il pollice insieme.

Posizionare il pollice e il terzo dito, mettere il secondo e il pollice, poi il terzo da solo, secondo e pollice e così via.

Posizionare il terzo dito e il pollice, riposizionare il secondo e il terzo, poi il pollice da solo.

Posizionare il secondo dito e il pollice, poi il terzo da solo. Riposizionare il secondo e il pollice poi il terzo da solo e così via.

Posizionare il secondo e il terzo dito, poi il pollice da solo, rimettere il secondo e il terzo quindi il pollice da solo e così via.

(Mano sinistra)

Posizionare tre dita, rimettere il terzo da solo, poi il secondo e il pollice.

Posizionare il terzo dito e il pollice, poi rimettere il secondo e il terzo, quindi il pollice da solo, secondo e terzo e così via.

Posizionare tre dita, rimettere il pollice poi il secondo e il terzo dito, il pollice da solo, il secondo e il terzo dito e così via.

Posizionare il pollice e il terzo dito, rimettere il secondo e il pollice, il terzo da solo, secondo e pollice e così via.

Posizionare il secondo dito e il pollice poi il terzo da solo, quindi il secondo e il pollice e così via.

Posizionare il secondo e il terzo dito, quindi il pollice da solo, riposizionare il secondo e il terzo, poi il pollice e così via.

(Mano destra)

Posizionare due dita, quindi rimettere dito per dito.

Posizionare due dita, quindi rimettere dito per dito.

Posizionare due dita, quindi alternare 2,1-2,3 e così via.

Posizionare due dita, quindi alternare 2,3-2,1 e così via.

(Mano sinistra)

Posizionare due dita, quindi rimettere dito per dito.

Posizionare due dita, quindi alternare 2,3-2,1-2,3 e così via.

# OTTAVA LEZIONE

Sommario: passaggio del terzo dito nelle scale; passaggio del secondo dito; scale di più ottave con differenti accenti; *étouffés* (suoni smorzati); ottave smorzate.

## ÉTOUFFÉS

### Mano destra
Gli *étouffés* si eseguono con il secondo dito e sono spesso ascendenti e consecutivi. Le altre tre dita sono chiuse in modo che il secondo dito resti indipendente e deve essere posizionato sulla corda in modo che il lato del dito vada contro la corda precedente.
Il polso è sul margine interno, il gomito è tirato indietro ed il braccio segue la mano senza curvare il polso. È consigliabile tenere il pollice più disteso del solito.

### Mano sinistra
Gli *étouffés* sono eseguiti quasi sempre con il pollice e qualche volta con l'aggiunta del quarto dito. La mano aperta è piatta contro le corde. Il pollice è piuttosto alto e il palmo è leggermente all'indietro. Quando il polso si allontana dalle corde, la mano si gonfia in alto.
La base del pollice dista dalle corde e solo la punta delle altre dita le tocca. Il pollice suona in punta con un piccolo movimento del polso che porta il palmo della mano, piatto, sulle corde, quando si riposiziona il polli-

ce sulla nota seguente. La mano ritorna così alla prima posizione.

Non è la maniera in cui si suona a produrre il suono particolare dell'*étouffé*, ma è il modo con il quale si mette la mano piatta con un rapido gesto che blocca tutta la vibrazione. Con la mano sinistra gli *étouffés* possono eseguirsi facilmente sia in discesa che in ascesa.

Per gli *étouffés* discendenti che non procedono per note consecutive, nel rimettere il pollice sulla nota successiva, bisogna fare attenzione che la base del dito sia sufficientemente tirata indietro per smorzare la nota precedente; questo richiede un piccolo spostamento del polso.

Gli *étouffés* con il quarto dito: quando l'intervallo discendente supera una quarta, è preferibile usare il quarto dito in alternanza con il pollice. In questo caso la mano deve lasciare le corde tra ogni nota. Appena il pollice suona, mettere il quarto dito con la mano piatta in modo da smorzare la corda che il pollice ha appena suonato e rimetterlo più alto o basso sulla corda in base alla distanza e alla misura della mano (più piccola è la mano o più grande è l'intervallo, meno alto va posizionato il quarto dito).

Il quarto dito suona all'esterno, usando le prime due falangi, e con un piccolo movimento del polso che rapidamente riporta la mano piatta sulle corde; il tutto mentre il pollice si posiziona sulla nota seguente. In base alla distanza, la corda suonata dal quarto dito è smorzata dal secondo o dal terzo.

Quando le note sono distanziate (anche di un'ottava), è necessario che le dita si stacchino dalle corde ad ogni nota.

La nota che termina la successione di *étouffés* con la mano destra è suonata come le note precedenti, ma non è smorzata. Quando deve essere smorzata, mettere velocemente il lato del secondo dito attraverso la corda.

La presenza di pause spesso presenti alla mano sinistra, non modifica i movimenti dello smorzato. Quando si suona la nota che precede la pausa questa viene smorzata posizionandosi sulla nota che segue la pausa.

## OTTAVE SMORZATE (solo per la mano sinistra)

Ci sono due tipologie di ottave:
1. Ottave che hanno l'effetto di pizzicati. Si ottengono secondo gli stessi principi degli *étouffés:* mano piatta sulle corde, pollice parallelo alla corda, il quarto dito posizionato e suonato come per un semplice *étouffé*. La successione di ottave smorzate si ha normalmente su note consecutive sia ascendenti che discendenti. Ogni ottava è smorzata mentre si suona l'ottava seguente.
   Quando le ottave non sono su note consecutive o sono isolate, si smorzano riposizionando la mano immediatamente sull'ottava appena suonata.
2. Ottave *détaché*, staccate. Nella successione di note consecutive solo il quarto dito deve essere smorzato, senza avere l'effetto di *étouffé*.
   Quando si ha una successione ascendente si suona la prima ottava normalmente, poi la nota precedente va smorzata con il terzo dito piatto e immediatamente dopo, il quarto dito è posizionato sulla nota seguente. La successione di questi movimenti è così veloce che diventano uno solo.
   Quando le note non sono consecutive, la

45

nota suonata dal quarto dito non è smorzata, perché essendoci maggiore distanza tra le note non si creano né confusione né rumore. Quando si ha una successione discendente la nota più bassa viene smorzata con il secondo dito che è esteso e parallelo al quarto. La mano è arrotondata per suonare normalmente.

# NONA LEZIONE

Sommario: intervalli con suoni strisciati; intervalli diteggiati; terze; seste e diversi intervalli; ottave; una formula per note-melodiche con il pollice; accordi smorzati; indipendenza delle dita.

## INTERVALLI CON SUONI STRISCIATI

Gli intervalli con suoni strisciati sono solo discendenti. Posizionare il pollice, il secondo, il terzo e il quarto dito. Suonare il pollice ed il secondo dito insieme come per i normali suoni strisciati ed allo stesso modo suonare il terzo dito con il pollice e poi per l'ultimo intervallo il quarto dito con il pollice. Il principio è lo stesso per tutti gli intervalli: pollice alto, le dita molto di sbieco e piegate all'indietro e le note degli intervalli devono essere suonate assolutamente insieme. Più l'iniziale distanza tra il pollice ed il secondo dito aumenta, più le dita devono essere posizionate in alto.

Per le successioni di intervalli, prima di suonare il pollice e il quarto dito, passare il secondo dito sopra il quarto e posizionarlo nel momento in cui il pollice scivola.

Per lo studio è utile esercitarsi suonando solo le note basse, senza il pollice.

Nella preparazione per le scale di intervalli di terza, fare attenzione che le dita siano più allungate sulle corde rispetto alle scale di sesta. Il secondo dito è riposizionato passando sopra il quarto e cadendo sulla corda nel momento in cui il quarto dito suona; poi riposizionare immediatamente il terzo e quarto insieme. Per ogni nuovo gruppo la mano deve ritornare alla posizione iniziale.

Dopo questa preparazione, suonare le scale aggiungendo il pollice, che è mantenuto alto e non deve abbassarsi mentre striscia.

Con le scale di intervalli di ottava non è necessario lavorare con solo i bassi.

Con la mano sinistra gli intervalli e le scale con suoni strisciati sono possibili, ma sono meno usati. Sono comunque da eseguirsi nella stessa maniera della mano destra.

## UNA FORMULA PER NOTE MELODICHE CON IL POLLICE

Quando la nota è una nota che forma una melodia, per renderla espressiva, premere un po' sulla corda prima di suonare. Mentre si suona, un piccolo movimento del polso deve accompagnare il dito.

## ACCORDI SMORZATI

Ci sono due tipologie:
1. L'accordo è smorzato semplicemente per una ragione musicale e non produce nessuna speciale sonorità. Si ottiene mettendo la mano aperta e piatta sulle note suonate nel momento indicato

dal simbolo di smorzato.
2. Il secondo modo di smorzare gli accordi produce una particolare sonorità ed effetto, simile al rullo di tamburi. È prodotto solo sulle corde basse e con gli accordi per la mano sinistra. L'accordo è arpeggiato con decisione e molto velocemente; quasi mentre il pollice sta suonando, la mano deve rapidamente ritornare sulle corde appena suonate (es: *Marche des petits soldats de plomb* di Gabriel Pierné).

*Monica Turoni*

# DECIMA LEZIONE

Sommario: accordi spezzati in due parti per tre e quattro dita; *près de la table* (suoni vicino alla tavola armonica); mani incrociate; trilli.

## PRÈS DE LA TABLE (p.d.l.t.)

È un altro effetto sonoro caratteristico dell'arpa e è prodotto suonando le corde vicino la tavola armonica. Se si suona forte si ottiene un suono quasi metallico, se si suona molto piano si ottiene un effetto di distanza, quasi un eco. La mano deve voltarsi verso il quinto dito e le dita devono suonare con la prima falange. Per avere il pollice basso quasi come le altre dita, la base del pollice deve stare lontana dalle corde.

## MANI INCROCIATE, PRIMO METODO

Il significato proprio del termine indica una mano sopra l'altra o viceversa. Si ottiene in tutti i modi visto che le corde sono tra le due mani.

Si riferisce però anche alle due mani che alternatamente suonano le stesse note in un ambito ristretto o nello stesso punto.

## TRILLI

Difficili da eseguirsi sull'arpa, sono più un problema di oscillazione del polso che non di movimento delle dita. Si è obbligati a riposizionare un dito, mentre si suona l'altro, causando ripetitive oscillazioni del polso. Le diteggiature del trillo possono essere due: con due dita, 2-1-2-1 oppure alternando il secondo ed il terzo dito, 3-1-2-1.

Monica Turoni

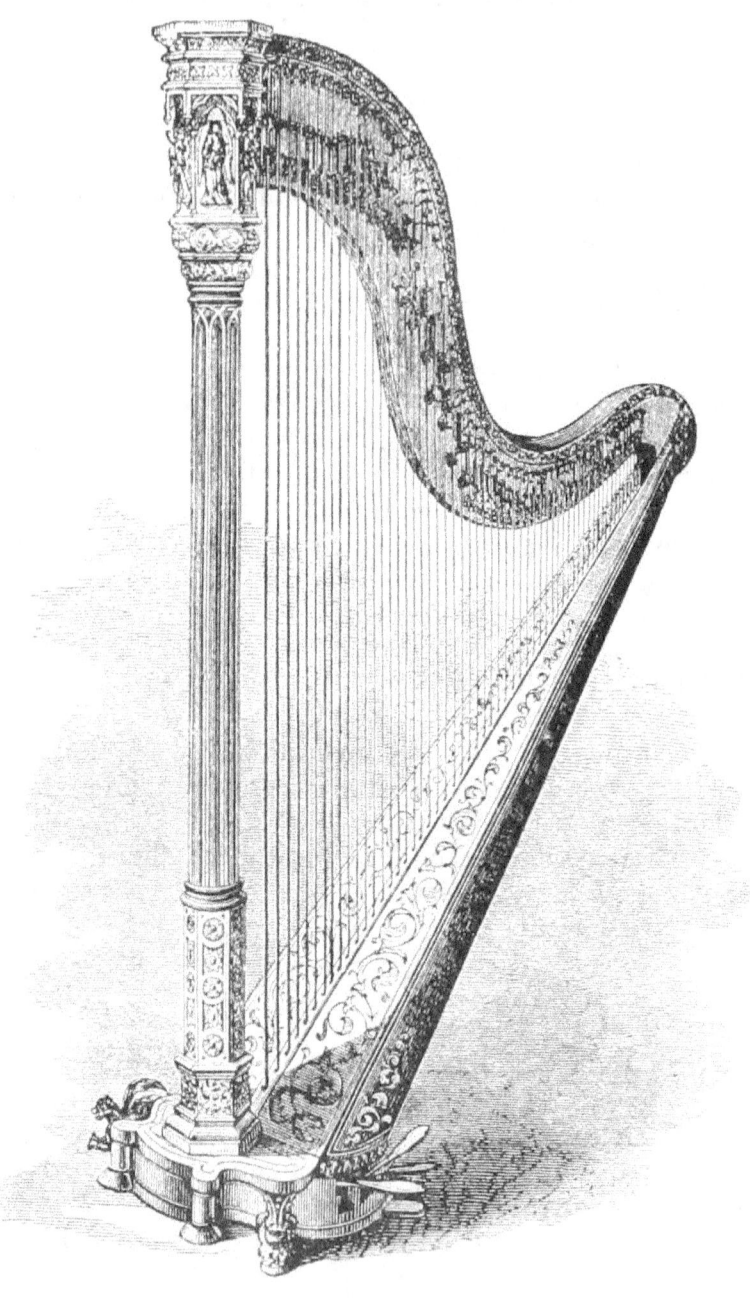

Henriette Renié prima di passare all'undicesima e dodicesima lezione, dà alcuni suggerimenti. L'allievo dovrebbe, prima di affrontare le ultime due lezioni, finire i *40 Studi* di Bochsa ed iniziare il libro dei *25 Études* di Bochsa, quindi le sette *Sonate* di Nadermann. Presenta inoltre una lista di brani da suonare a memoria di compositori tra i quali Hasselmans, Tournier, Grandjany e la stessa Renié, sotto riportata:

Félix Godefroid      L'École Mélodique

Alphonse Hasselmans  Berceuse
                     Confidence
                     Étude Mélodique
                     Aubade
                     Patrouille

Marcel Tournier      Quatre Préludes

Henriette Renié      Petite Valse
                     Air Anciens
                     Valse Melancolique
                     (da Six Pièces pour Harpe)

Marcel Grandjany     Le Bon Petit Roi D'Yvetot

# UNDICESIMA LEZIONE

Sommario: arpeggi prolungati con una mano; scale ed arpeggi con una nota ripetuta; nota-melodica e accompagnamento con la stessa mano; trilli con quattro dita; tremolo con una mano; mani incrociate, secondo metodo; trillo con due mani.

## ARPEGGI PROLUNGATI CON UNA MANO

Gli arpeggi prolungati seguono il principio della scala[6], ma bisogna notare, specialmente per la mano destra, che il quarto, il terzo e il secondo dito non sono né di sbieco sulle corde né bassi come nella scala. I movimenti richiesti per eseguire una scala sono dilatati in proporzione alla totale distanza da ricoprire. Per esempio, se si hanno sette note, il passaggio del terzo dito sotto il pollice richiede un minore spostamento della mano. Più l'intervallo di passaggio è largo, più il quarto dito, o il terzo, è posizionato basso; la base del pollice deve stare lontana dalle corde in modo da lasciare spazio per le dita che devono passare.

Per discendere, le modifiche dei principi di esecuzione per le scale sono applicate nell'opposta direzione: tutti i movimenti sono più allargati in proporzione alla distanza da coprire e all'intervallo del passaggio.

Per la mano sinistra, come per la mano destra, i movimenti della scala sono allargati, ma a causa della posizione del braccio che tiene le dita di fronte le corde, i

---

[6] Definizione di scala: una serie di note progressive, una dopo l'altra (es.: Do-Re-Mi-Fa-Sol-La-Si-Do). Definizione di arpeggio: accordo 'sciolto'; una nota dopo l'altra dal basso verso l'alto (es.: Do-Mi-Sol-Do-Mi-Sol-Do).

cambiamenti sono meno visibili.
In direzione ascendente, la mano va verso la tavola armonica; scendendo, va nell'opposta direzione.

## SCALE ED ARPEGGI CON UNA NOTA RIPETUTA

Si articolano le dita, si gira la mano e si riposizionano le dita nella stessa maniera in cui si esegue una scala o un arpeggio senza note ripetute.

## TRILLI CON QUATTRO DITA

La diteggiatura classica è la seguente: mano destra: 1-4-3-2; mano sinistra: 4-3-2-1.

Si tratta di un trillo usato soprattutto da compositori come Felix Godefroid e Poenitz. Può essere eseguito anche come trillo tradizionale, ma la sonorità sarebbe differente.

Il pollice suona in battere e ogni dito deve essere posizionato prima della nota che si deve suonare ed alla giusta altezza.

Il pollice è tenuto vicino alle altre dita che sono quasi verticali; il pollice è curvato leggermente all'interno, il gomito in avanti, il pollice suona esteriormente.

Tutto questo teoricamente, perché, conformemente alla mano, per alcuni la mano risulta essere più aperta, il braccio tirato indietro, il polso non curvato all'interno, il pollice, lontano dalla corda e più basso per raggiungerla, suonato alzandosi di nuovo. È necessaria una leggera oscillazione del polso.

La grande difficoltà sta nel non riposizionare le dita sulle corde troppo presto; devono essere posizionate esattamente nel momento in cui devono suonare.

Viene usata anche la formula del trillo con il quarto dito: 4-3-2-1.

## TREMOLO CON UNA SOLA MANO

La nota superiore del tremolo è sempre singola e le note inferiori sono di due o tre note. Questo a causa della posizione della mano sulle corde con il pollice che suona in una direzione e le altre dita nell'altra. L'oscillazione del polso è necessaria come per il trillo; non per evitare l'articolazione delle dita, ma per ridurla al minimo e accompagnarla e per permettere alle dita di riposizionarsi il più tardi possibile.

## MANI INCROCIATE, SECONDO METODO

Questa formula è usata per l'esecuzione di trilli o tremoli. Le mani suonano le stesse note alternandosi.

## TRILLO CON DUE MANI

A due mani, il trillo risulta molto più facile da eseguirsi; più veloce e brillante e di lunga durata senza richiedere fatica.

*Monica Turoni*

## DODICESIMA LEZIONE

Sommario: sinonimi "utili" (note enarmoniche); sinonimi per effetti "arpistici"; glissandi semplici, successione di suoni strisciati (*slide-runs*); suoni strisciati con effetti sonori; connessione di glissandi; doppi e tripli glissandi.

### SINONIMI "UTILI" (note enarmoniche)

Si tratta di utilizzare i sinonimi per rendere più semplice un passaggio complicato.
Per esempio, non è possibile sull'arpa avere un si♭ ed un si♮ contemporaneamente, così si sostituisce il si♮ con il do♭. I sinonimi possono essere usati anche per evitare di cambiare uno o più pedali. Il loro utilizzo può favorire una diteggiatura, l'agilità e l'eguaglianza di abilità tecniche.

### GLISSANDI SEMPLICI

Sono di due tipi:
1. Successione di suoni strisciati che sono come scalette diteggiate, ma hanno un'agilità, una regolarità ed una fluidità o una forza non raggiungibile con una sequenza di note diteggiate.
2. Suoni strisciati con effetti sonori che possono essere più o meno rapidi. Questi sono spesso usati in orchestra.

### SUCCESSIONE DI SUONI STRISCIATI

Per i suoni strisciati - da eseguirsi se ascendenti con

il secondo dito, se discendenti con il pollice - la prima falange deve essere mantenuta piuttosto rigida per essere in grado di suonare con la punta del dito senza che il dito si incurvi. Solo l'avambraccio deve muoversi in direzione ascendente o discendente. Questo permette di articolare nota per nota come una sequenza diteggiata.

**Glissando ascendente**
La mano è tenuta sufficientemente in fuori così che il secondo dito sia quasi perpendicolare alla corda. Scivolare seguendo una linea dritta e non l'inclinazione della tavola armonica. Quando il glissando arriva verso la cima, il polso si allontana dalle corde. Il secondo dito termina lo scivolamento tenendo il palmo della mano in posizione come se assumesse la forma di un uncino, come se la mano venisse tirata indietro dalle corde.

Quando il glissando finisce pianissimo ed è suonato interamente nel registro alto, il secondo dito descrive un piccolo cerchio verso la tavola armonica in modo da raggiungere l'ultima nota.

Se si deve suonare un glissando con dinamica $f$, lo si può eseguire con il terzo dito invece del secondo per avere maggior forza.

**Glissando discendente**
Normalmente è da eseguirsi con il pollice. Quando lo si termina risulta essere più chiaro se si suonano le ultime tre note posizionandovi il secondo, terzo e quarto dito per aumentare l'illusione di una successione di note diteggiata. Come per il glissando ascendente, il polso si appoggia alla tavola armonica e si allontana dalle corde man mano che il glissando finisce. Quando si termina il glissando posizionando le ultime quattro note, a metà del glissando le tre dita devono essere liberate in aria e rivolgersi alle ultime tre note; appena il pollice è a circa

dieci, otto note (in base alla grandezza della mano) dalla fine, le tre dita in aria sono riposizionate sulle corde designate, ma senza reggersi su di esse così il pollice prosegue in avanti descrivendo un piccolo cerchio verso il basso. Quando vengono suonate le ultime quattro note, il polso si solleva ancora come se il pollice dovesse continuare a suonare, così che le dita si articolano verso il palmo della mano.

## SUONI STRISCIATI CON EFFETTI SONORI

L'intero braccio preme o porta indietro la mano; la prima falange può essere piegata all'interno, per supportare il dito, senza esagerare. Per dare forza alla parte finale del glissando ascendente nella parte più alta dell'arpa, il movimento deve essere affrettato come se si volesse suonare tutte le ultime note nello stesso momento.

Se il glissando termina nella parte più alta dello strumento, il pollice è spesso d'impiccio ed è necessario farlo passare dietro l'arpa abbassando improvvisamente il gomito che porta il secondo dito ad abbassarsi verso i bottoni d'avorio. Quando il glissando non termina sulle corde in cima, è sufficiente sollevare il polso e la mano dall'ultima nota.

Ci sono casi nei quali la mano che non esegue il glissando è libera e viene preparata in anticipo per suonare l'ultima nota del glissando conferendo così chiarezza alla parte finale.

*Monica Turoni*

# CONNESSIONE DI GLISSANDI (mani alternate, ascendenti e discendenti)

## Mani alternate

Le due mani eseguono glissandi ascendenti o discendenti in alternanza. Perché i glissandi risultino collegati, non bisogna aspettare che un glissando sia finito prima di iniziare l'altro.

## Glissandi connessi con la stessa mano (ascendenti e discendenti, e viceversa)

Perché non ci sia una pausa tra la discesa e la salita, le dita (2, 3, 4) devono essere liberate come per la successione di suoni strisciati. Il pollice descrive una curva; all'inizio è tenuto alto poi discende quando il secondo dito prende il suo posto ed inizia il glissando piuttosto in basso sulle corde, poi mentre suona il secondo risale e sembra chiudere l'anello creato dal pollice.

Quando si deve compiere un movimento simile, ma in direzione opposta, questa volta il secondo dito fa una curva ed il pollice prende il suo posto in basso sulle corde.

## Glissandi a due mani

Spesso sono eseguiti a due mani in opposte direzioni così ognuna si muove come se suonasse da sola; questi glissandi non sono mai alla stessa altezza così da non ostacolarsi a vicenda.

## Doppi o tripli glissandi

Il glissando di intervalli di terza o quarta da eseguirsi con due dita (3, 2), con sinonimi, è spesso usato come effetto sonoro. Sono realizzati sia con la mano destra che sinistra.

Per eseguire correttamente tutti questi tipi di glissandi la mano è girata, solo la punta delle dita è posizionata sulle corde e le due dita sono ben separate.

Se si ha la dinamica *ff* le dita sono leggermente rigide e il polso le sostiene sulle corde; in *pp* le dita, sempre girate, sono completamente allentate ed il polso è molto flessibile. È l'avambraccio che sorregge indietro la mano, mentre il polso si solleva, girandosi all'infuori, verso la fine.

Con la mano sinistra il metodo è lo stesso della mano destra. Però in *ff* le dita sono più rigide e la mano sinistra è portata indietro dall'avambraccio.

I doppi glissandi sono anche usati nella forma di successione di suoni strisciati che sono quasi articolati. Il polso e la mano formano quasi una linea dritta; il terzo dito, posto di sbieco sulla corda, è quasi piatto; il secondo dito un poco sotto il terzo è piegato alla seconda falange ed è supportato sulla seconda falange del terzo dito. Nel tirare indietro il braccio, si segue l'inclinazione della tavola armonica.

**Triplo glissando**

Raramente usati, questi glissandi devono essere delicati e sempre con sinonimi. Per eseguirlo girare la mano e sollevare le tre dita (4, 3, 2) dritte il più possibile. Posizionare le punta delle dita sulle corde, ma sul lato opposto rispetto la normale posizione; solo il secondo dito è leggermente piegato. Quindi scivolare fino alla cima del glissando con la mano portata indietro verso l'alto con il solo aiuto dell'avambraccio.

*Monica Turoni*

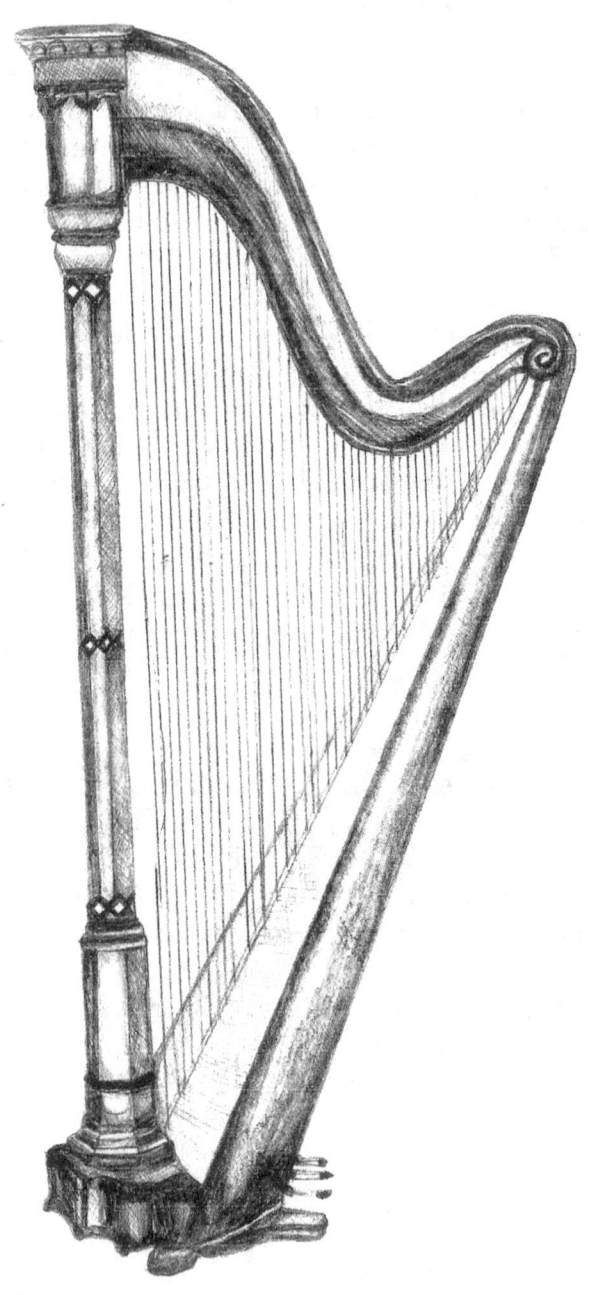

# SECONDA PARTE
# SINTASSI

*Monica Turoni*

## SECONDA PARTE: SINTASSI

Nella seconda parte del metodo si cerca di mostrare il maggior numero di esempi possibile. Per comprenderli bisogna già saper suonare l'arpa.

È necessario ammettere che alcuni consigli vanno contro la tradizione, senza negarne i benefici. Da quando le regole sono state decise dall'ammirevole scuola di Hasselmans, con la quale io stessa sono associata, il repertorio dell'arpa è cambiato, richiedendo un nuovo adattamento dei vecchi princìpi.
Non siamo più al tempo della vecchia musica di Bochsa, Dizi, Labarre, Nadermann, Parish Alvars.
Considero questa musica necessaria per la tecnica di un buon arpista.

### ARTICOLAZIONI (MOVIMENTO DELLE DITA)

Si distinguono in tre tipologie:

**1- Articolazione lunga**
È eseguita con l'intero dito sostenendosi sul punto in cui le dita sono attaccate. Queste suonano andando verso la base del palmo della mano e generalmente sono piatte.
Esempi nei quali è applicabile: accordi pieni, accordi eterei in *pp*, accordi brillanti non discendenti oppure combinazioni dopo le quali ci si stacca dalle corde.

**2- Articolazione media**
È eseguita con la prima e seconda falange con

il punto di supporto sulla seconda falange. Teoricamente le dita vanno verso la base del palmo, ma visto che la prima falange è piegata, solo le punta delle dita toccano la mano. Un ritmo molto veloce, ad esempio, non sempre permette di compiere un movimento completo verso la base del palmo.

Esempi di media articolazione si hanno con: accordi ritmici, ma non troppo allargati; melodie in generale; passaggi leggermente marcati e troppo veloci per compiere una completa articolazione; rapidi passaggi dove le dita sono distanziate; arpeggi e scale in generale.

**3- Articolazione corta**
Si esegue con la prima falange che è anche il punto di supporto; comunque la seconda falange prende parte al movimento. Le dita vanno più alte all'interno della mano.

Casi nei quali si usa: quasi tutte le formule che richiedano leggerezza, sul posto (senza muovere il braccio avanti ed indietro) o con la mano che va e viene sulle corde; l'esecuzione di mordenti o di gruppetti brevi; per dare più indipendenza ad una melodia in legato, in presenza di altre formule; tutti quei passaggi dove è necessaria una particolare chiarezza e le dita sono tenute chiuse insieme.

**IL POLSO**

Per produrre tutti i ricchi effetti sonori dell'arpa, il polso deve essere estremamente flessibile e non premere sulla tavola armonica rischiando di causare l'irrigidimento dei muscoli.

H. Renié non è d'accordo con alcune scuole russe o

americane che vorrebbero che il polso della mano destra non toccasse affatto la tavola armonica. Risulterebbe innaturale considerando la posizione dell'arpa e causerebbe rigidità, dato che il polso è il supporto della mano dell'arpista. La cosa migliore è semplicemente rilassarlo sulla tavola armonica e distaccarlo quando è possibile per evitare che si immobilizzi.

## ESEMPI SULLA FUNZIONE DEL POLSO CHE SPESSO COOPERA CON IL BRACCIO

### PER IL VALORE SONORO

È con l'aiuto del polso che si prolunga o accorcia la durata sonora di una nota o di una accordo.

La sola articolazione non può prolungare il suono senza un accento che può essere spesso non piacevole. Mentre la maniera nella quale si alza o solleva in alto il polso, con o senza il braccio, conferisce l'impressione del valore esatto.

### PER GLI ACCORDI

Negli accordi, più che in ogni altro caso, il polso ha il ruolo di conferire a ciascun accordo la propria funzione.

**Accordi pieni, forti e prolungati:**
il braccio destro non tocca la tavola armonica e la mano sinistra è ben sollevata. Le dita sono estese verso il basso. Si usa l'articolazione lunga. Nel suonare, tirare da parte l'intero braccio sollevandolo. La mano cade leggermente dopo aver suonato.

**Accordi energici, ritmici e brillanti:**
articolazione media. Sollevare la mano quando si suona.

Movimento del polso e dell'avambraccio che tira loro da parte andando in alto.

**Accordi staccati che seguono brevi pause:**
articolazione corta. Sollevare la mano mentre si suona con un movimento solamente del polso, senza il braccio, l'accordo è leggermente arpeggiato.

**Accordi legati, più o meno rapidi:**
articolazione media. I polsi sono sufficientemente allontanati dalle corde e devono solo sopportare il rimbalzo dell'articolazione senza resistenza.

**Accordi la cui nota più alta forma una melodia:**
articolazione media. Il polso manda le dita indietro verso il pollice, per permettergli maggiore libertà ed espressione allo stesso tempo; è leggermente alzato mentre si suona, non solo per ammorbidire il suono, ma anche per prolungarlo in base al suo valore.

**Accordi eterei, lenti o veloci:**
per gli accordi lenti si usa l'articolazione lunga. Le dita sono estese verso il basso. Il polso è sollevato abbastanza da permettere alla mano di cadere dopo aver suonato. Per gli accordi veloci si utilizza l'articolazione corta. Il polso è tirato indietro e tocca appena la tavola armonica. Mentre si suona è sollevato impercettibilmente. Il movimento del polso tra ogni accordo è circolare e continuo.

## PER L'ESPRESSIONE

Il polso deve accompagnare il movimento di ogni dito seguendo la linea melodica; questo produce un'espressiva e legata sonorità.

## PER LO STACCATO - *DÉTACHÉ* – NON LEGATO

È il movimento del polso che precede la nota o le note che permette di ottenere l'effetto di staccato. Lasciare le corde ad ogni nota non è sufficiente; un breve movimento del polso deve accompagnare il dito in modo da attaccare la corda. Con la mano destra questo gesto viene fatto di fronte le corde, con la mano sinistra è fatto con un movimento verso il basso. Mentre si suona le dita devono ritornare al loro punto di partenza.

## PER LA TECNICA

Quando il pollice destro suona mentre si riposizionano le altre dita: avere il gomito di fronte le corde, il polso non è curvo all'interno, ma segue la linea della mano; articolazione media.

Quando si hanno gruppi separati discendenti, mano destra alternata con la sinistra: avere il gomito molto alto; il polso un po' curvato all'interno; articolazione media. Per la mano sinistra, dato che il polso non poggia sulla tavola armonica, la mano è di sbieco sulle corde.

## ALCUNI CASI DI POSIZIONAMENTO DELLE DITA
### (APPLICAZIONI IN MOLTI CASI CONTRARIE ALLA REGOLA)

1. Ci sono molte larghe distanze tra le note dove è possibile posizionare le dita insieme, ma le formule che le includono sono molto più leggere, brillanti o legate non mettendo le dita insieme.
2. Per lasciar vibrare la corda.
   Ci sono molti casi dove è necessario riposizionare

il dito sulla nota il più tardi possibile: per esempio, nei passaggi melodici, nei passaggi che richiedono uguale sonorità, per gli accordi ripetuti.
3. Per dare più libertà e forza al pollice.
Molto spesso il quarto dito, che in generale allunga l'articolazione del pollice, non deve essere posizionato quando si hanno gruppi discendenti. Il dito o le dita devono essere posizionate mentre si suona il pollice. Bisogna saper ascoltare ed imparare a scegliere il giusto movimento che permette al pollice di ottenere la sonorità desiderata.
4. Per facilitare alcuni accenti al basso e per dare valore ad una nota bassa.
Le note del basso suonano meglio se ogni quarto dito viene staccato prima di suonare le altre note; si ottiene anche un suono più legato.
Qualche volta invece di posizionare le prime quattro note, il quarto dito suona meglio ed è più accentato se si mettono il 4° e 3° insieme, poi le altre due dita usando il polso per suonare il quarto.
5. Per doppie note insieme a singole note.
La melodia è mischiata all'accompagnamento. (L'accompagnamento si esegue con articolazione corta.)

Esempio: Debussy *Danse Sacrée*

Dato che il pollice deve suonare due note, una dopo l'altra, è meglio sostenere il gomito in modo che il pollice sia in grado di suonare la nota di accompagnamento e quella della melodia che seguono quasi senza spostare la mano. Per aumentare la qualità della melodia del pollice, sarebbe meglio lasciare la corda tra il quarto e terzo dito senza nessun movimento del polso; almeno quando non procedono su note consecutive.

## IL LEGATO

### Melodie con il quarto ed il terzo dito

Anche se il quarto dito non ha la sensibilità ed il fascino espressivo del pollice, ha comunque una bellezza sonora indicata per esprimere l'idea di quiete e malinconia. Perché la melodia sembri collegata, con la mano destra, il dito che suona la melodia non deve articolare fino all'interno del palmo della mano; premendo la corda che deve suonare un po' in anticipo, il dito suona salendo con un gesto rotondo che sembri legarlo alla nota seguente. Per il terzo dito, con la mano sinistra, il legato si ottiene con gesto circolare del polso che accompagna il movimento del dito.

### Melodie in ottave

Nei tempi lenti, si ha un movimento allungato e circolare del polso e del braccio; nei tempi molto veloci, la mano suona da sola, qualche volta diteggiando le note più basse dell'ottava (4-1, 3-1).

A seconda dei casi, la melodia può essere suonata con il pollice o con il quarto dito. Se con il quarto dito, sollevare un po' il polso e mettere il quarto dito ben di sbieco sulla corda. Se con il pollice, sostenere la mano su di esso e suonare con il pollice tenuto molto alto.

Henriette Renié al termine del metodo aggiunge anche alcuni consigli utili per il virtuoso e su come ci si dovrebbe comportare prima di un concerto.

*Monica Turoni*

## UN CONSIGLIO SPECIALE PER IL VIRTUOSO

Per dare il massimo, il virtuoso deve suonare tutto con il cuore ad eccezione della musica da camera. [...] Non si deve suonare basandosi sulla memoria. Insieme all'orecchio, si deve cominciare la memoria ragionata: i segni musicali, i significati mnemonici e armonici. Si procede con il cervello come con le dita. All'inizio in tempo lento senza fermarsi, poi aumentare il tempo progressivamente fino a che i ragionamenti sono collegati senza sforzo. Quindi ci si occupa della tecnica e si suona con più libertà senza "pensare" alla memoria. [...] Il brano è pronto per l'interpretazione musicale. Imparato il lato materiale per renderlo sicuro, l'ultimo periodo è dedicato al lavoro per l'artista.

## PRIMA DI UN CONCERTO

A causa dell'emozione, può capitare di avere una distorta concezione dei tempi e qualche volta anche della sonorità. Si ha la sensazione di suonare più lentamente del tempo che si dovrebbe, ma in realtà si sta suonando più velocemente. Un modo per evitare che questo accada è abituarsi a sentire un "tempo" leggermente rallentato rispetto a quello stabilito. Henriette Renié consiglia, per esempio otto giorni prima del concerto, di muovere il metronomo indietro di un numero, cinque giorni prima di due numeri ed il giorno prima di tre o più numeri. Il giorno del concerto si ritorna al tempo esatto senza rendersene conto.

Se si deve suonare in una grande sala da concerto e quindi si deve aumentare la sonorità, è meglio iniziare ad abituarsi a questo due o tre giorni prima del concerto. Per quanto riguarda la memoria dei pedali, bisogna sapere la loro posizione in ogni punto in modo da essere in grado di correggerli. Si devono scegliere dei "punti di partenza" per poter riprendersi con sicurezza in caso di errori.

Un consiglio importante da seguire quando si studia, è quello di non fermarsi nel punto in cui si è fatto un errore, ma continuare. Si cerca la causa dello sbaglio e il modo di evitarlo in futuro dopo aver terminato l'esecuzione.

Importantissimo è, iniziando almeno otto o dieci giorni prima del concerto, abituarsi ad eseguire il brano o i brani uno dopo l'altro, qualsiasi cosa accada, come se si fosse in pubblico. Fatto questo, si legge accuratamente la musica, senza suonare. Si impara a difendersi dall'errore compiuto in precedenza, perché gli sbagli già fatti raramente provocano timore, perché si sa come uscirne. Molto spesso dopo un punto che spaventa, che ha richiesto grande concentrazione, si arriva al passaggio più facile e ci si rilassa improvvisamente; è qui che capita l'errore che risulta essere più disastroso, perché inaspettato: non ci si deve rilassare, soprattutto nei passaggi semplici.

«In breve, nessuno suona in pubblico come a casa. [...] Quando si compie un errore, piccolo o grande, non è più necessario pensarci: è passato, bisogna solo pensare a quello che segue.»

*Il Metodo Pedagogico per Arpa di Henriette Renié*

# APPLICAZIONE DI ELEMENTI DELLA TECNICA ARPISTICA ESPOSTA NEL METODO PER L'ESECUZIONE DEL *CONCERTO EN UT MINEUR* PER ARPA E ORCHESTRA DI HENRIETTE RENIÉ

A seguire tratto nel dettaglio alcune parti del *Concerto en ut mineur* di Henriette Renié del 1900, come esempi più rappresentativi dell'applicazione della tecnica arpistica trattata nel Metodo. In molti casi sono esempi che vanno contro la teoria che si insegna ad un principiante; sono quindi da applicare alcune eccezioni.

Si tratta di una composizione nella quale si affronta la maggior parte degli aspetti tecnici arpistici; richiede diversi tipi di sonorità, effetti, agilità e, in ultimo, resistenza fisica.

I primi due movimenti di questo concerto furono composti da Henriette Renié quando frequentava la classe di composizione presso il Conservatorio di Parigi. Dopo averlo terminato alcuni anni dopo, mostrò il lavoro a Théodore Dubois che le suggerì di mostrarlo anche al direttore d'orchestra di Lamoureux, Camille Chevillard. Il direttore era conosciuto per la sua durezza, così la stessa Renié dice che quando arrivò a casa sua il suo cuore batteva freneticamente. Gli suonò il suo *Concerto* in parte al pianoforte ed in parte cantando ottenendo la sua approvazione tanto che volle essere lui stesso il direttore per l'esecuzione in concerto. Visto il successo ottenuto, propose di eseguirlo anche per i Concerti Lamoureux. Perché fosse eseguito, lo stesso Chevillard rifiutò ogni compenso.

Per Henriette Renié si trattò in un certo senso di un

riconoscimento ufficiale per la propria carriera.

**Primo tempo:** *ALLEGRO RISOLUTO*

Pagina 2, prima riga: si tratta di accordi energici e ritmici, con dinamica *ff*. Sono da eseguirsi con una media articolazione, quindi solo la punta delle dita articolate tocca il palmo della mano. Quando si suona si deve sollevare la mano ed il polso, insieme all'avambraccio, si muove a lato sollevandosi. La nota singola accentata si ottiene senza staccarsi dalla tavola armonica, portando il polso ed il braccio a lato di questa.

Pagina 3, prima e seconda riga: per eseguire le quartine della mano destra è consigliabile riposizionare il quarto ed il terzo dito insieme, anche se in teoria bisognerebbe posizionare il quarto dito e poi le altre dita. Bisogna fare attenzione quando si hanno le note ripetute e la mano risulta quindi staccata (la nota ripetuta si suona prima con il secondo dito e poi con il pollice).

Pagina 5, prima e seconda riga: è un esempio dell'applicazione dell'articolazione media. Si tratta di accordi ritmici che non devono essere eseguiti arpeggiando troppo, proprio per non perdere il loro carattere ritmico ed accentato, come segnato in partitura; al contrario dovrebbero essere pensati uniti.

Pagina 10, *Large*, dopo la corona, *ben cantando sonore*: alla mano sinistra si hanno intervalli di lunga durata in successione. Per collegarli tra loro, è utile usare il quarto dito per smorzare la nota suonata che precede quella che si deve suonare evitando così di creare "buchi" sonori. La diteggiatura migliore per suonare gli intervalli è 1-4. Se però l'esecutore ha una mano grande, l'intervallo di terza e di seconda si può eseguire con il secondo ed il terzo dito, smorzando la nota precedente con il terzo dito che la tocca leggermente. Alla mano destra si hanno intervalli di lunga durata alternati a una nota singola di semiminima: per essere espressivi bisogna lasciare le corde dopo le note di lunga durata, senza muovere il polso.

Pagina 21, 14 *Più animato sino al fine*: nel suonare le quartine in successione della mano destra, bisognerebbe posizionare il quarto dito per primo e poi le altre dita. Qui si ha un'eccezione alla regola: per evitare di smorzare o colpire la corda, si possono posizionare il quarto ed il terzo dito insieme.

Tutti i glissandi discendenti presenti in questo movimento sono da eseguirsi con il pollice diteggiando le ultime tre note conclusive. In questo modo si dà l'idea di eseguire una scaletta molto veloce.

Sia per i glissandi ascendenti che per quelli discendenti, non bisogna tenere il polso attaccato alla tavola armonica e lo si deve allontanare dalle corde man mano che si giunge alla fine del glissando.

## Secondo tempo: *ADAGIO*

Pagina 25, prime due righe: rappresenta un caso molto esemplificativo di accordi in successione nei quali il pollice ha la melodia principale dell'intero movimento.

Il tema, esposto dalla sola arpa, deve essere espressivo e ben sonoro. Per fare questo, il movimento del polso permette alle dita (2, 3, 4) di andare leggermente all'indietro verso il pollice. Immaginiamo di vedere le dita come se suonassero al rallentatore: premono sulle corde appena prima di suonare ed articolano, usando l'articolazione media, ottenendo una sonorità piena; il movimento circolare del polso, quando ci si stacca dalle corde e vi si ritorna, permette di collegare un accordo all'altro in modo da ottenere espressività melodica ed un suono legato.

Questa parte, come quella di p.31, seconda e terza riga, che rappresenta il ritorno del primo tema con accordi più ampi e più sonori, è una esempio anche di suoni sincopati. Per ogni suono sincopato bisogna tirare da parte il polso ed il braccio insieme, senza sollevare la mano.

Pagina 26, *Un poco meno lento*: altro esempio di suoni sincopati. Per la mano destra bisogna differenziare le ottave di lunga durata da quelle accentate: la nota accentata si ottiene sollevando un po' la mano che si incurva verso il polso; la nota di 2/4 si ottiene tirando il polso ed il braccio da parte, lasciando cadere un po' la mano.

La mano sinistra deve eseguire le terzine compiendo un'articolazione lunga per sostenere il tema con un accompagnamento dal suono pieno. Per evitare di creare rumori nel cambiare la posizione dei pedali, si può smorzare velocemente prima dell'inizio della battuta successiva.

Pagina 27, *Tempo I* e p.33, *Tempo I*: si tratta del frammento iniziale della melodia principale. Anche in questo caso si ha una successione di accordi dove il pollice suona la melodia. Sia il pollice della mano destra che quello della mano sinistra devono essere posizionati in punta, leggermente di sbieco e ben dritti; devono compiere una piena articolazione, indipendentemente dal movimento del polso.

Pagina 28, ③: si tratta di un passaggio dove si potrebbero produrre rumori o smorzature indesiderate, dovendo suonare delle note subito dopo un accordo arpeggiato. Per evitare ciò, la mano destra deve suonare l'accordo come se si girasse il secondo dito, che passa sotto il pollice dell'accordo, e si staccassero subito le dita dal palmo della mano.

Pagina 33, ⑧: rappresenta un esempio di nota dei bassi di lunga durata (Re di settima ottava) che deve avere un carattere misterioso. Deve essere lasciata vibrare (*laissez vibrer*) e per produrre un suono duraturo bisogna suonare la corda portandola all'indietro verso se stessi.

**Terzo tempo: *SCHERZO, ALLEGRO VIVO SCHERZANDO***

Pagina 38, *Trio, un poco meno vivo*, seconda riga: è un esempio di linea melodica creata da accordi. In questo caso bisogna posizionare le dita per eseguire l'accordo all'ultimo, perché si deve collegare la nota singola di croma (secondo dito) con un accordo non pieno (1, 3, 4).

L'ultima battuta della riga si esegue usando Do♭ al posto di Si♮, perché non è possibile suonare sull'arpa contemporaneamente Si♭ e Si♮.

*Monica Turoni*

**Quarto tempo: *FINAL, ALLEGRO CON FUOCO***

Pagina 46, seconda riga, ultima battuta: è consigliabile usare il sinonimo Si♯ al posto di Do♮ per la seconda nota del suono strisciato da eseguirsi con la mano destra. La nota risulta più chiara; inoltre, visto che si dovrebbe riposizionare il pollice sulla stessa nota, con un accordo in cui la distanza tra il secondo dito ed il pollice è ampia, si evita il rischio di produrre un suono smorzato.

# CONCLUSIONI

Il *Metodo completo per arpa* di Henriette Renié è molto accurato per le spiegazioni che riguardano la tecnica arpistica, descritta nei dettagli e con i relativi esempi. È da considerarsi scritto per bravi arpisti ed insegnanti. È impossibile per un allievo che non sa come si suona l'arpa seguire le lezioni così come sono organizzate nel libro. Inoltre, alcune lezioni contengono troppe nozioni da spiegare in una sola lezione.

Si inizia con spiegazioni ed esercizi per quattro dita consecutive; posizione difficile da mantenere sull'arpa per un principiante. Lo stesso *Metodo per arpa* di M. Grossi (pubblicato nel 1943, tre anni prima di quello di H. Renié), generalmente utilizzato nei Conservatori italiani, pur avendo altri limiti, inizia affrontando la posizione di tre dita (1, 2, 3).

La cosa migliore sarebbe iniziare utilizzando solo il secondo dito ed il pollice, in particolare per giovani studenti senza conoscenze musicali.

Ogni elemento tecnico introdotto è seguito da brevi esercizi, studi e brani utili per rendere solida l'abilità tecnica.

La seconda parte del Metodo, la Sintassi, dedicata a chi sa già suonare l'arpa, introduce nozioni utili che riguardano le tecnica richiesta per suonare il "nuovo repertorio" per arpa, che è un adattamento dei vecchi princìpi della scuola di Hasselmans, Bochsa, Dizi, cioè la scuola del XIX secolo. Al giorno d'oggi bisogna considerare che compositori come Britten, Berio, Donatoni, solo per citare alcuni dei maggiori compositori che hanno richiesto "effetti speciali" sull'arpa, non avevano ancora scritto per questo strumento.

Il Metodo di Henriette Renié è ancora attuale per quello che riguarda i principi della tecnica di base ed avanzata dell'arpa, continuando ad essere una preziosa risorsa da consultare per i numerosi esempi e dettagli che contiene. Il suo lavoro continua tramite gli studenti di coloro che sono stati suoi discepoli con l'aiuto proprio del suo Metodo.

La stessa Henriette Renié dice che: «la tecnica nell'arte è necessaria nonostante il talento e l'inspirazione. Quando manca una buona tecnica, ci sono quasi sempre errori» (1936).

# BIBLIOGRAFIA

H. RENIÉ, *Complete Method for Harp*, Parigi, Leduc, 1946.

O. DE MONTESQUIOU, *The Legend of Henriette Renié (Henriette Renié et la harpe)*, Bloomington, AuthorHouse, 2006.

M. GROSSI, *Metodo per arpa*, Milano, Ricordi, 1943.

M. KENNEDY, *The Concise Oxford Dictionary of Music*, Oxford, Oxford University Press, 2004.

*Images of pages 35, 36, 37, 38, 39, 40, 41, 43, 46, 72 in this book are under Copyright by Alphonse Leduc & C$^{ie}$ Paris*
*Rights owner and publishers for all countries.*

*Monica Turoni*

*Il Metodo Pedagogico per Arpa di Henriette Renié*

# APPUNTI

*Monica Turoni*

*Il Metodo Pedagogico per Arpa di Henriette Renié*

*Monica Turoni*

*Il Metodo Pedagogico per Arpa di Henriette Renié*

*Monica Turoni*

ISBN-13: 978-1-911424-06-2
ISBN:1911424062
ISMN: 979-0-9002358-4-8

SKU/ID: 9781911424062

For information about permission to reproduce selections from this book, write to Permissions, Black Wolf Edition & Publishing Ltd.

Cover and Book design and layout by Wolf

Cover Photo by Juan Navarro
(Harp Recital Monica Turoni 2012 - Carnegie Hall NY, USA)

Publishing Company:
Black Wolf Edition & Publishing Ltd.
2 Glebe Place, Burntisland KY3 0ES, Scotland
www.blackwolfedition.com

Copyright ©2016 Black Wolf Edition & Publishing Ltd.
All rights reserved. - 1$^{st}$ Edition: 2016

www.ingramcontent.com/pod-product-compliance
Lightning Source LLC
Chambersburg PA
CBHW071404080526
44587CB00017B/3179